동물
시
편

동물시편

초판 1쇄 인쇄일 2017년 9월 17일
초판 1쇄 발행일 2017년 9월 27일

지은이 최계선
그린이 정태련
펴낸이 권성자
펴낸 곳 아이북   서울 마포구 희우정로 13길 10-10
전화번호 02-338-7814   **팩스** 02-6455-5994
E-mail ibookpub@naver.com
출판등록 10-1953호(2000년 4월 18일)
ISBN 978-89-89968-95-5 13810

값 12,000원

ⓒ최계선, 2017 Printed in Seoul, Korea

＊잘못된 책은 교환해 드립니다.
＊이 책에 게재된 모든 텍스트와 일러스트는 저작권자의 허락 없이
  무단전재와 무단복제를 할 수 없습니다.

＊이 책은 강원도, 강원문화재단 후원으로 발간되었습니다.

동물 시편

최계선 시집

아이북

내륙에 사는 동물 시들로만 시집을 묶는다.
어린시절에도 그랬거니와 지금도
행복만을 건네주는 친구들…
그들 모두와 함께 묶여
위로받으며 살았으면 좋겠다.
_최계선

차
례

참새   11
누에   13
반딧불이   15
쇠똥구리   17
참새 2   19
박쥐   20
뻐꾸기   22
땅강아지   23
알락할미새   24
할미새   26
벼메뚜기   27

왕잠자리   28
사마귀   30
올빼미   31
물잠자리   33
끄리   35
메기   37
꺽지   38
수리부엉이   39
소쩍새   41
무당벌레   43
빠가사리   45
미꾸라지   46
송장메뚜기   47

소금쟁이　49

장지도마뱀　50

밀잠자리　51

누치　53

잉어　55

붕어　57

자라　58

누룩뱀　59

줄새우　60

참마자　61

빙어　63

제비　65

왜가리　66

민달팽이　67

하루살이　69

두꺼비　70

반딧불이 2　71

맹꽁이　73

말똥가리　74

고양이　75

청개구리　77

그리마　78

개구리　79

지네　81

거미 82
바퀴벌레 83
명주잠자리 85
닭 86
파리 87
나비 89
호박벌 91
쥐 92
개미 93
쥐며느리 95

청호반새 97
황조롱이 98
송골매 99
꼬마물떼새 100
까마귀 101
방아깨비 103
토끼 104
노루 105
개 106
꿩 107
염소 108
굼벵이 109
매미 111
이 112
족제비 113
굴뚝새 115
노랑할미새 116

도롱뇽   117
가물치   119
두더지   120
갈매기   121
무당개구리   122
지렁이   123
소   124
고라니   125
버들치   127
열목어   129
가재   130
다람쥐   131
딱따구리   132
하늘소   133
물방개   135
거미 2   136
무지개송어   137

어린시절의 행복으로 / 정현종   139

참새

뒷마당에 뒹굴던

갈색 잎사귀

돌개바람 타고

호로록~~ 떼 지어

하늘로 몰려가네

누에

외할머니는 사과 깎으시고
윗방에 사는 누에들은
달빛 날개 다는 꿈을 꾸면서
사각사각
뽕잎 갉아먹습니다.

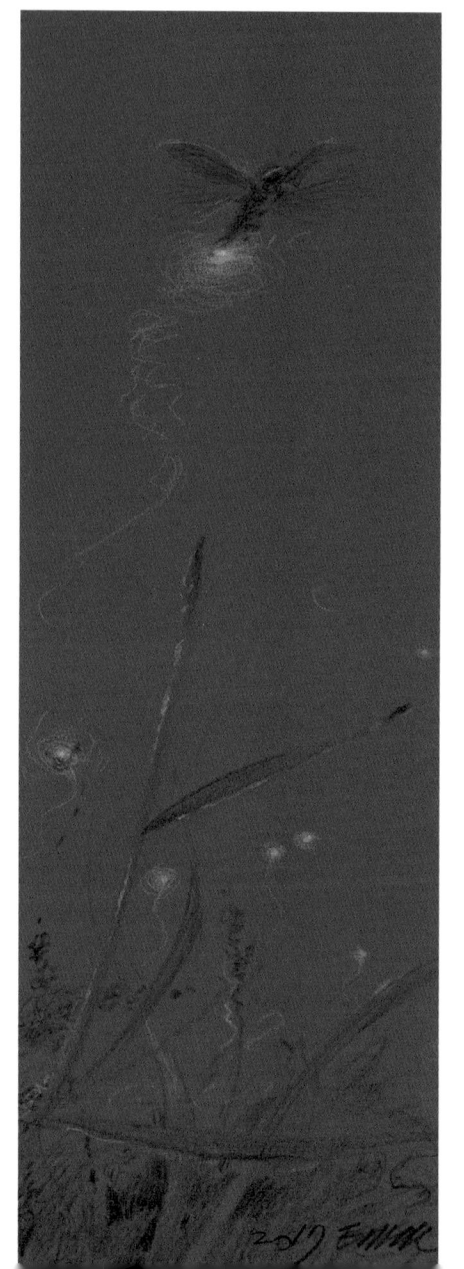

반딧불이

풀숲에서 나온 아이들
콧잔등이 반짝댑니다.
개똥냄새 폴폴 나는 반딧불
꽁무니 떼어내 침 발라 붙이고
좋아라 깔깔대며 몰려갑니다.
달 없이도 환합니다.

이집트 유물에서 잘 보이는 풍뎅이 장식이 바로 쇠똥구리다. 둥근 걸 굴리고 있기 때문에 마치 태양을 움직이는 것 같다 하여 고대 이집트에서는 신성한 벌레로 추앙받았다. 머리 모양새도 비슷한 모양이어서 태양의 벌레라고도 불렸고, 땅속 쇠똥에서 태어나는 새끼들을 보고 미라 부활신앙과도 연결시켰다.

쇠똥구리

똥에 관해서는 편식 없어서
대멸종에도 살아남았다고요?
세상에 널린 게 똥이니까?
널린 똥으로 경단 만드니까
먹이다툼 할 일 없어서?
그래요, 맞아요, 참 잘했어요.
모든 거 뒤집어놓고 보면
모든 게 달리 보이죠.
물구나무 재주 보여줄게
똥 주세요.

참새 2

개울둑 경사면에
열 명이 넘는 아이들이
고무줄새총을 힘껏 당긴 채
숨죽이고 엎드려있습니다.

미루나무 꼭대기에는
백 마리도 넘는 참새들이
총총 요리조리 까불면서
떠들고 앉아있습니다.

박쥐

밤 되면 세숫대야 옆구리 끼고
개울 목욕 나가던 누나들 쫓아가
옆에서 부싯돌 놀이하다 쫓겨나면
둑에 올라
허공에 괜한 돌팔매질 하다보면

밤의 검은 외투 걸쳐 입은 박쥐들
떨어지는 모습 보고
돌에 맞았나? 처음엔 생각 들지만
자꾸 돌팔매질 하다보면
먹이 아닐까? 쫓아가 본다는 거 알게도 되고
그렇게
나처럼 심심하지 않은 박쥐들과 놀다보면

대야 닿을 듯 옆으로 길게 늘어뜨린 머리칼
누나들 집으로 돌아가고
박쥐소굴 단칸방하고는 어울리지 않는
세숫비누냄새 뒤쫓아 집으로 가다보면

밤하늘에 잔뜩 뿌려진

부싯돌 가루들

뻐꾸기

두 손 동그랗게 모아
악기 만들어
뻐꾹~ 뻐꾹~

'오늘은 뻐꾸기가 참 가까이서 우네?'
엄마의 말
못들은 척

살금살금 집 빠져나와
밤 골목에 모여 가깝게 소곤대던
아이들

어디들 다 숨었는지
지금은 들려오지도 않는
뻐꾹~ 뻐꾹~

땅강아지

해 떨어져야 들어오는
흙투성이 막내.
온 천지가 다 놀이터이니.

알락할미새

밭둑 건너편에 숨어서 지켜보다
알았습니다.
밭둑 깜장콩 줄기 아래에 둥지 틀고
알 낳았습니다.

에미가 벌레 잡으러 나간 사이
둥지 위 줄기 휘어
실올가미를 재빨리 놓았습니다.
밭둑 건너편에 숨어서 또 지켜봅니다.
알아차리면 안 됩니다.

할미도 잡고 알도 꺼냈습니다.
그러지 말았어야 했는데
그렇게 했습니다.

그나마 다행스런 것은
그 뒷일이 잘 생각나지 않는다는 것입니다.
그 기억이 없으니 걸림도 없고
그저 편안하기만 합니다.

그리고 나는 정말 아는 게 없습니다.

할미새

날 때는
포롱~포롱~ 물결 일 듯
앉아서는
폴록~폴록~ 바람 일 듯

벼메뚜기

논둑길 다니며 잡은 벼메뚜기
강아지풀에 줄줄이 목 꿰기도 하고
콜라병에 넣기도 합니다.
우리 집 막내는 집에서 가지고온
소주댓병짜리를 들고 다닙니다.
깹니다.

벼 잎 푸르면 몸도 푸르고
벼 익으면 몸도 익어갑니다.
벼메뚜기는 그렇습니다.

왕잠자리

날개 접어 열 손가락 사이마다 끼고
더는 아무것도 할 수 없어
집으로 가는 길, 손바닥에서
엄청 많은 다리들이 꼼틀댄다.
재미치고는 참 징그럽게도 많이 잡았다.
아무 생각 없을 때였으니.

흔치 않은 왕가의 녀석들을
어찌 용케 잡을 수 있었느냐하면,
 거미줄 묻힌 잠자리채를 들고 저수지 나뭇가지 사이에 숨어서 무작정 기다리다 하늘색 엉덩이 수컷 한 마리를 잡는다. 그리고 호박꽃에서 떼어낸 수술로 꽃가루를 바르면 황금색 엉덩이 암놈처럼 보이는데, 분장을 마친 녀석 다리에 실을 묶고 머리 위로 빙빙 돌리면서 주문을 왼다. '뜨라이꽁~ 뜨라이꽁~' 그러면 어디선가 나타난 환장한 수컷이 꽉 끌어안고 안 떨어진다.

 몸 안의 수컷들은 꼼틀대고,
 달라붙는 욕망이

추하다 생각 들지는 않지만, 그래도
그래도 지금은 아무 생각 없을 때는 아니니……

사마귀

손가락에 생긴

옹이처럼 생긴

사마귀는

잠자리가 뜯어먹어야 없어졌다.

사마귀가 잠자리를 잡아먹으니

사마귀는 잠자리가 뜯어먹어야

올빼미

벽난로 굴뚝 속으로 미끄러져
아궁이로 나왔기에 만날 수 있었던

온몸에 재 뒤집어쓰고 있어
털이 잿빛인지
잿빛이 털인지 알 수 없었던

마주한 눈 빛
오래도록 바라보고 싶었던

그렇지만 내 욕심이지
넌 네 하늘로 돌아가야지

모든 창문 활짝 열고
덕분에 나도 밤의 하늘을

올빼미는 새의 이름이고 부엉이는 올빼미과에 속한 모든 새들을 합쳐 부르는 말이다. 때문에 올빼미는 있어도 부엉이라는 새는 없다. 통상 얘기하는 부엉이는 수리부엉이를 두고 일컫는 말이다. 수리부엉이는 귀 모양으로 깃털이 위로 솟아있고 외형상 월등히 크다. 올빼미는 심한 원시라서 가까운 물체는 보지 못하고 눈알을 움직이지 못하기 때문에 머리를 돌려서 먹이를 찾거나 천적을 피한다. 지혜의 여신 아테나Athena를 상징하는 새가 올빼미다.

물잠자리

새까만 몸
냇물 곁에 두고
풀잎 곁에 두고
햇살 곁에 두고
앉으니
저렇게
퍼렇게
몸도 빛나는구나
햐~~
몸도 빛나는구나
네 곁에 앉아도 될까나?

끄리

물살 없는 얕은 곳으로 나와 잠자는
물고기 잡으러 개울갑니다.
큰형은 족대,
작은형은 솜방망이 횃불과 석유통,
막내는 물고기통 들고 갑니다.
재수좋은 날에는 팔뚝만한, 입 모양도 무지 멋진
끄리도 나옵니다.
밤고기 뜨러 갑니다. 들떠
빠르게 빠져나가는 담장으로
이름도 다 아는 동네 개들이 컹컹댑니다.

메기

야단치던 할아버지 긴 수염
탕 냄비 속에 잡어들과 뒤섞여
부글부글.

말씀하세요.

꺽
지

돌이
돌을 내려찍는
돌땅 한방에
어질어질한 것이
정신이 하나도 없네
사는 게 그렇지 머
좋던 가시 기세 다 꺾고
헬렐레

수리부엉이

외할머니 집 건넛방에서
한 이불 뒤집어쓰고 얘기하던
빨간 손 파란 손
똥두간 밑에서 쓰윽~

한밤에
가까이서 새 웁니다.
으시시하게도 웁니다.
변소 같이 가자 조르던 누나와
변소 밖에서 말대꾸 해주던 나를
방 문 열고 내다보시던 외할머니
탁탁 턴 곰방대 불
불그스레 바닥으로 흩어지던

한밤에
새 웁니다.
아주 가까이서.

소쩍새

울음소리만 들리지
잘 보이지 않는다는
새

새들의 조상은
소싯적에 중생대의 땅을 좀 밟고 놀던
공룡들이었지
큰

큰 산을 넘은 것도
백악기의 울음이 아니라
가뿐한 깃털

가볍고 볼 일이야
눈에 뜨임 없이
그저 지극히

우리나라에서의 이름 무당벌레는 무당처럼 화려한 색을 하고 있는 데서 유래되었지만 학명 '레이디버그lady bug'는 성모 마리아 초기 초상화에 붉은 점박이 외투를 입고 그려졌기 때문. 농업에 해가 되는 진딧물을 잡아먹는 좋은 벌레이기에 감사하는 호칭이기도 하다.

무당벌레

나뭇가지에 올려놓고
꼭대기까지 올라오면
나뭇가지 뒤집고 다시
꼭대기까지 올라오면
나뭇가지 뒤집고 다시
뒤집고 다시 뒤집고
놀다놀다 지치는 건
나.
안 뒤집어주면 날아가 버리고.

재미는 그다지 그렇지만
다시 만나면 다시
재미로 놀이로
이승을 머물다 갈 수 있다면

빠가사리

물고기 울음소리가 요란도 하다.
광주리에 절규를 담는다.
빠가빠가빠글빠글빠가빠가

―
빠가사리의 학명은 동자개.

미꾸라지

냄비에 두부를 넣고 불 올리면
미꾸라지들이 뜨겁게 파고듭니다.
익었다싶을 때
두부를 꺼내 반으로 자르고…
스케치 해오세요. 고등학교 때
미술숙제였는데 아직까지도 살아
몸부림친다.
양재기에 가득한
미끌거리는 거품.

―
미꾸리는 미꾸라지의 사투리가 아니다. 매우 비슷하게는 생겼지만 수염이 길면 미꾸라지, 짧으면 미꾸리.

송장메뚜기

나중에 알게 되었지만
그 애 원래 이름은 그게 아니었다.
간질병을 앓던 개똥이
입에서 비누거품이 일고
눈이 조금 이상하게 돌아가면서 버둥거리면
제 이름 불리던 아이들은
개똥이 앞에 수북했던 유리구슬을
제 앞으로 긁어다 놓았다.
몰래 하지 않아도 되었고
정신을 차린 후에도 개똥이는 몰랐다.
구슬놀이는 거기서부터 늘 시작이었다.
개똥이는
덜떨어진, 그렇다고 이상한 애도 아니었다.
혐오스럽지도 추하지도 않은,
불리던 이름이 그래서 그렇지 그냥
골목 아이들의 친구였다.

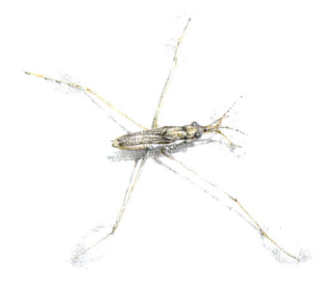

소금쟁이

꼬챙이 썰매를 타고
아이들 몰려다니던 논에
물 고이는 봄 오니

아이들 놀던 그 자리에서
떼를 지어
물 미끄럼 타고 있는

장지도마뱀

돌담에 햇살 널어 말릴 때
고개 돌려
빼꼼 쳐다보던 그 눔이다
온 천지가 뽀송해지네

밀
잠
자
리

낚싯대 끝에 앉아
오후를 즐기고 있네

누치

낚싯대를 강 한가운데로 끌고 간 게
누구 짓인지는 안 봐도 알겠고.

먹을 만한 거 눈에 띄면
얘네들은 눈치도 안보고
덥석 물고 냅다 내빼니

한눈팔다
낚싯대 없는 받침대만 꽂아놓고
물속에 발 담근다.
아 벌써 가을이구나.

잉어

큰 입에
반 매듭 작은 입질

물 위에 흐르는 바람
느낄 줄 알아야
물 속에 떠도는 구름
볼 수 있지

붕어

성스런 진흙을 가까이해서 그런지
유유히 노니는 저 여유!
다가갈 길 모르겠네.

자
라

    개울 가로질러 쳐놓은 그물
    아침에 들어보니

    다 뜯어 먹힌 물고기
    대가리들만 대롱대롱

    햇살에 반짝거린다.

누룩뱀

찌 위에 얹어놓은 반딧불이만한 발광물체와
빛의 연못 은하에서 퍼져온 파동이 전부인
저수지 골짜기에서 낚시로 밤새우다.

물 위로 바람 흐르기 시작하니 새벽이 가깝고
밤과 낮이 뒤바뀌는 천지개벽 때에 손맛 좀 느끼다
가까운 태양 오르니 절로 잠들어 꿀잠 자다.

살림망을 뒤집어 털고 낚싯대 접고
며칠간의 천막 걷다보니 눅눅한 바닥 돌 틈에서
뱀 두 마리 빠져나가며 빛의 꼬리를 길게 끌고 가다.

줄새우

밤 꼬박 새우고 들어오는 내게
어머님이 자주 하시던 말씀
'등 좀 펴고 다녀라'

낚싯바늘 모양 생긴 그대로
미끼가 되고
투명한 몸 그대로
물이 되고
물풀이 되고
흙이 되는

참
마
자

얕은
모래
여울
물
속
머리
처박고
눈뜨고
기어가다
마주친
옆줄
땡땡이
갑옷무늬
참마자
눈
뻘쭘한
만남

빙어는 본래 강과 바다를 오가며 살던 회유성 물고기인데 곳곳에 댐이 세워지면서 바다
로의 길이 끊겨 호수에 갇혀 살게 되었다. 행동반경이 줄어들면서 몸집도 작아지고 힘도
약해졌다.

빙어

두꺼운 겨울
호수 얼음에 구멍 뚫고
쨍쨍한 바람
온 몸 꽁꽁 싸매고
낚싯줄 흔들다
'이게 몬 고생이람?'
혼자서 든 생각에 어머님이 바로 투명한 답 주신다.
'니가 좋으니까 하는 거지, 시켰어봐라 하겠는가.'

제비가 낮게 날면 비가 온다는 말이 있다. 제비의 먹이인 날곤충들이 습기가 많아지면 날개가 무거워져 낮게 날기 때문.

제비

몸
너와는
입술 노랗게 칠하고
머리털 까칠하게 세우고
초여름 문지방에 턱 고인
새끼의 희망노래로 시작해서
소절 없는 전깃줄에
음표로 자리앉아
검고 흰 옷 단정하게
깃 다듬으며 준비하는
늦가을 이별노래까지의
인연

왜
가
리

    물결에 비친

    하루가 온통 기다림뿐인

    나는 누구

민달팽이

없는 것은 거의 다 가지고
알몸으로
질질 기어다니기는 하지만
숨김 없는
걸침 없는
이 알몸에조차
침 흘리는 눔 없구나

—
하루살이가 하루만 사는 이유는 입이 퇴화해서 기능을 못 하기 때문. 태어나서 하루 종일 밥도 안 먹고 번식만 하다 죽는다.

하루살이

누더기를 걸쳤어도
누추하진 말아야하는데
시간은 나를
나를 만나본 적 없는 나를
자꾸만 주눅 들게 만드네.

두꺼비

누전차단기 상자가 두꺼비 집도 아닐뿐더러
손 위에 흙 두들겨 쌓으며 부르던 노래
'두껍아 두껍아 헌집 줄게 새집 다오'도 그렇다.
두꺼비를 무슨 맹꽁이로 아나.

마당을 뛰어와
마루 밑으로 들어가는걸 보니
마흔 날 장마가 시작되나 보다.

반딧불이 2

이슬만 먹고 사신다고요.

보름을 살면서 짝도 만나시고.

반짝반짝

맹꽁맹꽁은 여러 마리가 번갈아가며 우는 소리가 겹쳐져 그렇게 들리는 것. 한 놈이 '맹맹'하고 울면 다른 놈은 자신의 소리를 암컷이 구별하도록 하기 위해서 '꽁꽁'으로 소리를 바꿔서 운다고 한다.

맹꽁이

우리 사랑에 다른 무슨 말이 필요할까

맹~

꽁~

말
똥
가
리

찬바람 부는 들판에
속절없는 연 날다.

고양이

거의 다 식은 연탄재 위에 배 깔고
엎드려 겨울을 내다보던 너희들 위해
헛간 한 구석 구걸해서 마련한 집,
일곱 번이나 옮겨야했던 그
그때의 마을 강둑에 돌아와
그때도 늘 그랬던 것처럼 혼자 앉아보니
이제야 알겠네, 내가 아닌 너
너희들이 나를 돌봐주고 있었다는 거.

물개구리는 잘 얼지 않는 냇물에서, 참개구리는 들쥐 굴 속에서 떼를 지어 겨울을 보내는데 청개구리는 한겨울 가랑잎 사이에 꽁꽁 얼어붙은 채로 있다. 죽은 것은 아니고 기온이 영하로 내려갈수록 몸에 저장한 에너지 소모가 적어져 축적해 놓은 양분이 떨어지는 것을 막자는 것이다.

청개구리

연못에 핀 연꽃
잎 위에 앉아계시네
삶의 근심들
다 내려놓으셨는지

그리마

몸을 떠나도 제각기 꼬물대던

많고 긴 다리의 너를

보이는 족족 죽여 그런가

가을 깊어가니

근심도 깊어지네

그리마는 흔히 '돈벌레'라고 일컫는데, 죽이면 돈복이 나간다고 하는 미신이 있다. 이는 따뜻하고 습한 곳을 좋아하는 그리마들이 과거엔 난방이 대체로 잘 되었던 부잣집에 많이 몰려 있었기에 유래된 이야기로 보인다.

개구리

나는 네가 어떻게 걸음을 멈췄는지, 본다.
늪지와 논을 가르는 길 위에서
납작 엎드린 바퀴 아래서
길 건너던 개구리들의
듣고 싶지 않은 오싹한 소리들과
고인 물들이 튀겨나가는 허벅지와
여행자의 깊은 침묵이 뒤섞인 걸음이
어떻게 멈췄는지, 나는 본다.

개구리 배를 살살 문지르면 잠재울 수 있다. 피부로 호흡하기 때문에 지나치게 문지르면 개구리가 영영 안 깨어날 수도 있다.

지네

몰골이 뭐 그리 중요하겠느냐마는
지푸라기에 묶여
집집마다 처마 밑에 걸려있던,
바짝 마르기도 했고 흉측하게도 생긴
지네가
어쩌다 실족사해서
죽음의 많은 질문들을 주렁주렁 매단 채
아직까지 매듭 던지고 있는 걸까.

거미

여덟 개의 눈은 무엇들을 볼까.
걸려든 곤충들의
비명, 시큼한, 퀴퀴한, 공포들 모두를
눈으로 다 보는 것은 아닐까.
그럴 것이다. 그렇지 않다면
크기도 제각각인 눈알들을
다닥다닥, 너절너절, 번거롭게
머리에 붙여놓고 다닐 이유가 없을 테니까.
우리에게는 없고, 감히 알 수도 없는
또 다른 감각의 세계가 있겠지.

'아침 거미는 살리고 밤 거미는 죽여라'라는 말이 있다. 아침에 보는 거미는 복이고 점심 거미는 돈이고 밤 거미는 근심이기 때문이라고 한다.

바퀴벌레

인류역사에 가장 큰 발명이라는 바퀴,
지구환경에 가장 잘 적응한다는 바퀴,
벌레는 위대하다.
신神은 할 말이 없다.

생김새나 이름 때문에 헷갈리지만 명주잠자리는 잠자리가 아니다. 잠자리보다 촉각이 매우 길고 땅에 알을 낳는다. 개미귀신은 명주잠자리 유충.

명주잠자리

개미귀신은
개미지옥에서
개미를 기다린다.
모래언덕의 지옥 구덩이에서 빠져나온 귀신이
명주실 비단날개를 달고 날아가고
세상사 귀신들은 흰 광목의 빨래로 펄럭인다.
달밤이다.

닭

닭은 오래 키우는 게 아니라던
어른들의 말은 지금도 아리송하다.
무슨 일이 있었나.

　　무슨 일은요. 기억에 없네요.

볏짚 쌓아놓은 뒷마당 파헤치며
고개를 연신 까닥댄다.

　　햇살만 좋구만요.

―
닭은 사람과 달리 눈알을 돌릴 수 없으므로 머리의 움직임을 최대한 줄이기 위해 고개를 까닥인다.

파리

잠 머리에서 집요하게도 내 잠을 쫓아내던
내 기어이 너를 잡고야 말았지
죽지 않을 정도로 때려서
날개 떼어내고 병 속에 집어넣고

    아니지 그거로는 부족하지
    발작에 가깝게 이불 걷어차던 거 생각하면
    베풂이 너무 큰 거지

병 속에 담배연기 꽉 채워 넣고 뚜껑 닫고

    난 이제 좀 잘 거니까
    긁는 소리 들리기만 하면
    다리까지 다 떼어낼 거니까

나비

소풍 나온 나비반 아이들
꽃으로 날아다닙니다.

호박벌

땡삐에 쫓기면서 산을
엄청 빠르게 내려왔습니다.
뒷목에 한 방 쏘였는데
엄청 때끔거렸습니다.

할머니 골무를 끼고 나갔습니다.
꽃에 앉은 호박벌들을
보이는 족족 꼭꼭 눌러 죽이면서
동네를 쏘다녔습니다.
엄한데다 화풀이했습니다.

뒷목에는 지금도 쏘인 자리가
툭 불거져 있습니다.
벌 받아 쌉니다.

쥐

천장 위에서 밤마다 달리기 경주하죠.
이쪽에서 뛰어내려 저쪽 끝으로,
벌써 며칠째 계속인데
여럿이어서 시간도 많이 걸리고
언제 끝나는지도 모르겠고.
쿵 다다다닥~

천장 아래서 밤마다 사내가 뒤척이죠.
심술나서, 오늘은 정말 못 참겠어서
뛰어내리는 곳에다 압정을 잔뜩 꽂아놓고
듣죠, 평소와는 다르게 누워서
쿵 찌찌찌직~ 다다다닥~

얼룩진 천장
위에서는 불 난 발바닥 부비부비
아래서는 베개 머리 고치며 씨익~

집쥐의 꼬리는 제 몸보다 더 길다. 쥐꼬리를 짧다, 작다, 적다고 할 수는 없다.

개미

지구에 사는 모든 개미들의 몸무게를 합하면
지구에 사는 모든 포유류들의 몸무게와 비슷하다.
그렇다고 한다, 믿기는 어렵지만
지구에는 참 별별 일들도 많다.
별
별
별 볼일 없는 동굴 속,
오늘은
여왕 옆에서 자야겠다.

흔히 콩벌레라고 하는 공벌레도 쥐며느리의 일종. 외관상 비슷하긴 하나 건드려서 몸을 동그랗게 마는 녀석은 공벌레, 그렇지 않으면 그냥 쥐며느리. 쥐며느리란 이름은 시어머니 앞의 며느리처럼 쥐 앞에선 꼼짝을 못한다 해서 붙여진 것으로 알려져 있다.

쥐며느리

부엌 문지방 밑에
    (거길 왜 들여다봤는지는 모르겠지만)
꼼틀꼼틀,
나뭇가지로 슬쩍 건드려보니
죽은 척,
뒤집어보니
배에 찰싹 달라붙어있는
금쪽같기도 할 내 새끼들,
오골오골

청호반새

눈도 못 뜬 새끼 네 마리
꼼지락대는 둥지를 통째로 들고 왔다가
그럴 줄 알면서 혼나고
그럴 줄 알면서 다시 제자리 갖다놓고
들락거리는 에미를 보고나서야
그런 새가 있는 줄 처음 알았습니다.
그런 파란 날개는 처음 보았습니다.

있던 그대로의 자리에서
오후의 나무와 하늘과 호수를
다시 만납니다.

황조롱이

깃털이라고 가볍겠는가
바람에 얹혀있으니
가볍게 느껴질 뿐이지.

아득하게 일어서는 현기증
없이 허공에 그대로 멈춰서서,
그렇게까지는 아니어도,

바람 있다면
요동치는 이 마음에 그저
회오리나 일지 말았으면.

송골매

시간은
나이를
점점 더 빠르게 쫓아간다.
시치미 떼도 소용없다.

매를 이용한 사냥에는 참매가 쓰였는데 보통 사냥매를 송골매라 하고 새끼 때부터 길들인 1년생을 보라매라 부른다. '시치미 뗀다'는 말도 매에 달린 시치미(주인의 이름을 새긴 꼬리표)를 떼어버리고 이름을 바꿔 다는 노락질에서 생겨났다. 일응이마삼첩―鷹二馬三妾, 재미 중에 첫째는 매사냥이고 둘째는 말타기며 셋째가 첩을 두는 것이라는 뜻.

꼬마물떼새

날개 다친 척 뒤뚱거리지만
알지
근처에 네 알들 있다는.

조약돌과 분간 안 되는,
개울가에 놓아기르던
조막만한 아이들.

품 떠나니 그립네.

까마귀

나는
숲에서 보내야 할 시간들을
마을을 떠돌며 파먹고 있다.

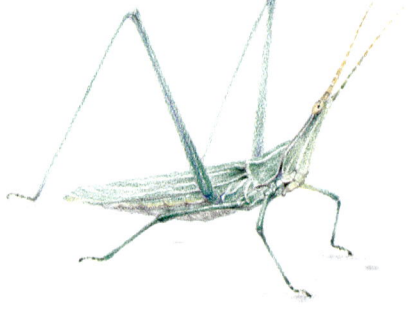

방아깨비

흔하고도 소중한 온 천지의 풀잎

색으로 온 몸을 칠하고

붙잡은 손에 매달려

흔들흔들

어머니 무릎방아 타던 그때가 좋았지

끄덕끄덕

토끼

산에서
살아야
산토끼지

깊은 겨울
살아서
빨갛게 눈뜨고 둘러봐도
갈 곳 없는 흰 눈 뿐
산토끼토끼야 어디를 가느냐
자꾸 묻지는 마시길

노루

꿈을 꾸면서
꿈속에서
'이건 개꿈이야' 그런다.
꿈밖으로 나왔다가 곧 다시 들어간
꿈속에서
'이건 아까 그 개꿈의 후속편이야' 그런다.
깊게 잠들지 못하는 노루잠까지 왔다.
시달리다보니 머리가 지저분하다.
미장원 가서 털갈이나 해야겠다.

개

누나와 동갑내기였던 '마루'가 생각납니다.
학교 끝나고 집으로 가는 길
마을 입구에서 기다리던,
무섭게 쓸려나가던 홍수
시뻘건 흙물에도 망설임 없이 뛰어들던,
마루 집 나가고,
흩어져 이름 부르다 해 떨어지면 돌아와
밥상에 둘러앉은 식구들의
사소한 젓가락질도 생각납니다.
나이 들면 추한 모습 보이지 않으려
집 나간다며
토닥여주시던 어머니 품도 생각납니다.
생생한데,

떠나가면 어디가 어디인지
어디로 갔음이
어디에 있음이라면
그게 태어남이라고 치면
그게 어디서 떠남인지
그건 전혀 생각나질 않습니다.

꿩

봄 햇살 더없이 보풀보풀한데

풀숲을 흔들다 화들짝 날아가는,

느슨했던 오후가 하늘로 흩어지는,

서로 달갑지 않은 만남도 있습니다.

염소

기억이 없을까
기억에 없을까
아주공갈염소똥일원에열두개
그 다음은?

늙은 수컷 염소의 비애가 시작되었다.

―
염소는 고집이 몹시 세서 자기가 가고 싶지 않으면 절대 움직이지 않기 때문에 성경에서도 예수를 따르는 사람들은 어린양에, 예수를 따르지 않는 사람들은 염소에 비유되었다. 여기서 유래되어 중세시대에 사탄은 주로 염소 머리를 가진 형상으로 그려졌다.

굼벵이

며칠이 지났는지 모릅니다.
깊이 웅크리고 잠만 잡니다.
허리 아프지만 그래도 참고
또 잡니다. 좋지 않은 꿈으로
늘 시달리긴 하지만 그래도
뜬 눈의 한심스럽던 날들이,
날개 달기도 틀린 날들이
지나다니는 걸 보는 것보다
낫습니다. 비가 오는지 어쩌는지
초가지붕 덮은 채로
느려터지게 잠만 잡니다.
며칠이 지났는지 모릅니다.

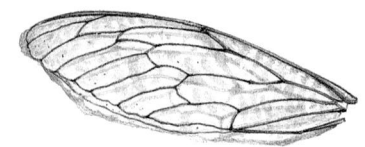

수명으로만 따지면 매미는 다른 곤충들보다 굉장히 오래 사는 편. 7년 동안 땅속에서 살다가 나와 한 달 가량 산다. 일생 거의 전부를 유년기로 보내는 셈인데 어찌보면 그저 행복하기만 한 생명체.

매미

큰 소리 내기 위해 몸의 반 이상을 텅 비우고
큰 소리에 귀청 떨어질까
자기 귀는 열고 닫을 줄 아는
그래서 정작 자기 노래는 듣지 못하는
매미 운다.
한 놈 우니 옆에 놈 따라 울고
그 옆에 옆에 놈들도 다 따라 울고
한 놈 그쳤지만 우는 놈 있어 계속 울고
혼자만 그치고 있을 수 없어 다시 울고
이래저래 하늘은 하루 종일 울고

이

자다 말고 벌떡 일어나
내복 훌렁 뒤집어 벗고
재봉질 결 따라 샅샅이

구들장 윗목에서 밤마다
엄지손톱으로 짓뭉기는
어머니의 설움.

이는 살색이지만 내복 색깔에 따라 바뀌기도 한다고 한다. '홀아비 삼 년에 이가 서 말', 정갈하지 않으면 더 꼬인다.

족제비

건초 불 연기
굴 속에 불어넣으려
코 들이박고 후후대다보니
글썽해진 눈에
새까매진 콧잔등.
너
나
따로 없구나.

굴뚝새

싸리담장으로 낮게 깔린

굴뚝 연기

홀홀 가르며 맞이하는 저녁

노랑할미새

어머님과 시골길 오릅니다. 마련한
텃밭에는 곡물 과실들은 거의 없고
자연이 뿌려준 들꽃들과 할미꽃으로
가득합니다, 흐뭇해하시는 얼굴을
굽은 등 뒤따라가면서 봅니다.

집 모양으로 세워놓은 그늘에 앉습니다.
새가, 노란색 들꽃을 가득 안고 다가와
까불댑니다, 벌레를 입에 물고 요리조리
눈길을 끌어댑니다, 눈 뜬 지 새끼들 둥지
가까운 곳에 있다는 얘기지요.

하루의 밭일 다 끝내지 못하고
새들에게 텃밭 내어주고
시골길 내려옵니다, 뒤따라가면서도
할머니가 다 되신
어머님 얼굴은 다 보입니다.

도롱뇽

도랑에 알 낳았던데

하라는 밭일은 안하고
도롱뇽이 물길 삽질만 한다고
한소리 들었지만

그나저나
너무 가물어 큰일이네

투명한
알주머니
알 속의
까만 눈알들

가물가물

가물치

가물어
바닥까지 다 드러난 저수지
딱딱하게 갈라진 진흙
땅 껍질이 이 지경이 되었어도
그 속에 살아서
눈감고 기다린다지.
시냇물은 졸졸졸졸
고기들은 왔다갔다

두더지

지독하게 가물어
보따리 몇 개로 다 쌀 수 있는 살림들을 둘러메고
야밤에 마을을 떠나던 식구들,
어둠 속에서 그들을 더듬는다.
버려진 이 굴 속에 나만 남겨졌나.

갈매기

나무로 깎아 만든 새

위에 앉아서

도적의 눈을 번뜩이다.

그러라고 세워놓은 솟대가 아니다.

나무로 깎아 만든 사람

눈만 부라리지

무심하기 이를 데 없다.

그러라고 박아놓은 장승이 아니다.

풍요의 징소리 없고

상징들은 흉흉하다.

무당개구리

가뭄……
덕분에 하늘은 자주 올려다본다마는
속 타들어가는 옛 마을에
푸닥거리 펼쳐졌다.
굽실 비벼대는 농부의
갈라진 손바닥에서 서걱서걱
먼지 인다.

비……
내리고 도랑에 물 고이면
빨강 파랑 땡땡이 옷 걸친 애들은
어디선가 꼭 나타난다.
풍악처럼 흘러나온 사람들
저잣거리로 쏟아진다.

지렁이

물고기 뱃속으로 들어가면
헤엄도 쳐보고
새 뱃속으로 들어가면
날아도 보고
벌레 뱃속으로 들어가면
기어도 보고
짐승 뱃속으로 들어가면
뛰어도 보았으나

지렁이로 태어나
지렁이 뱃속으로 들어가 본 적 없어
지렁이의 길 알 수가 없네.

지렁이는 흙 속에 살며 흙을 먹고 흙을 배출한다. 비 내리면 땅 속에서 기어나오는데, 흙 속에 물이 차 숨을 쉴 수 없기 때문. 비를 좋아해서가 아니다.

소

고삐 풀고 나가본 적 없는데
열 가지 이야기 들려오네.
잃고 찾고 얻음은 모르겠으나
밭 갈고
논 일구고
한 집으로 들어가
한 대문으로 나오다보니
농부의 마음 하나는 알듯하네.

고라니

식물도 사람 발자국 소리 알아듣고
알아들은 만큼 큰단다,
씨 뿌렸다 될 일 아니고
밭에 자주 다녀야 된다는 어머님 말씀인데,

오리걸음 호미질 끝내고 뒤돌아보면
벌써 밭고랑 뒤덮으며 쫓아오는 풀들,
온 사방은 풀들로 가득한데, 애네들은
우리가 먹을려고 심어놓은 잎사귀들만
골라서 뜯어먹고 간다, 널린 발자국들.
쟁기질이 무색하다.

버들치

계곡물에 발 담그니
때 뜯어먹으러
떼로 몰려드네
요런 귀여운 것들과 노닐
때도 있고

열목어

절간 계곡에서 만났을 때만해도
그리 귀하신 몸인지 몰랐지, 알던 거는
눈에 열이 많다 해서 이름 붙여졌고
그래서 깊은 산 중 찬물에 살 수밖에 없다는

중얼중얼 절간에 풍경으로 매달려
바람 속 푸름을 경으로 들려주는 물고기와
뜬 눈으로 수행의 물길을 놓지 말라며
텅 빔 속 울림을 때로 알려주는 목어와
물 속에 부는 바람으로
함께 헤엄치며 사는

가재

흐르는 산에서 물 만나
가랭이 쩍 벌리고 머리 담그면
시원하겠지.

디딤돌 옮기려하니 물속에서
양 집게손이 쩍쩍 거린다.
'이 눔아 내 집 냉큼 내려놔라!'

이분 성질머리 한번 대단하시다.
머리 치워드리면
화가 좀 풀리시려나.

다람쥐

못 보던 것들,
흘렸거나
지나쳤거나
걸렀거나 해서
못 보았던 것들,
바스락 소리 따라가 보니
원래 자리에 다 있었네,
돌 틈에
나뭇가지에
이끼에
풀잎에.

바람소리만 잘 들어도 경을 읽은 것과 같다는
마니차* 접한 적 없으나
오늘은 네 행보 따라가며
듣고 보네.
바스락
바스락

---

* 마니차(摩尼車): 주로 티베트 불교에서 사용되는 불교도구이다. 원통형으로 돌리게 되어 있으며 측면에는 만트라가 새겨져 있고 내부에는 롤로 경문이 새겨져 있다. 부처님의 법을 읽지 못하거나 시간이 없는 사람들을 위해 불경을 새겨놓은 것.

딱따구리

수행자의 목탁 소리와
은둔자의 울림 소리로
귀를 여는
산중
여행자의 아침.

하늘소

들려주고 싶은 얘기 있는지
나무 뒤편으로부터 서서히 다가와
나를 향해 열심히 휘젓고 있는
긴 더듬이.
잘 모르겠고, 보이는 거로 얘기하자면
숲을 비집고 들어온 비단날개 햇살.
— 가리키는 네 꼬락서니를 들여다봐야지
　더듬이를 보고 있으면 우짜노!
머 그런 얘기는 아니겠지.

물방개

그 날개는
어디건 오고 감에 걸림 없구나.
그리하여

아침 물 속 날고
저녁 하늘 속 헤엄치고
밤 풀잎에 눕다.

거미 2

새벽하늘에 이슬 걸렸습니다.
아침하늘이 걷어가겠지요.

무지개송어

이렇게

이쁜

이름을 지어준 사람에게

이 아침의 햇살을.

무지개송어는 일생을 민물에서 살기도 하고, 강에서 태어나 자란 후 바다에서 2~3년 살다가 알을 낳기 위해 다시 강으로 오기도 한다. 바다에 다녀오지 않아 어릴 때의 체색이 남아있는 송어를 산천어라 한다.

어린시절의 행복으로

정현종 — 시인

『동물시편』은 어린시절 시골에서 자란 사람들을 그 시절로 데려간다. 유토피아는 이 세상에 없다고 하지만, 내 느낌으로는 모든 사람의 어린시절이 각자의 유토피아이며, 그 시절을 시골에서 살았다면 그곳은 또 무릉도원이다.

나라가 아무리 궁핍하고 가정이 가난에 찌들었다고 하더라도 어린시절의 그러한 성질에는 변함이 없는데, 그 까닭은 말할 것도 없이 모든 어린시절이 갖고 있는 고유성 때문이다.

모든 어린시절은 꿈의 도가니요 가능성의 묘상이기 때문에 결핍이란 말이 부재하는 시기이다. 아이들은 그들의 외적 환경이 어떻든지간에 항상 그 스스로 충만하다. 그리고 누구나 그 시절이 있었으므로 그 점에서는 평등하다.

그런데 어른이 되면서 온갖 결핍상태 — 물질, 정신, 감정적

불균형과 궁핍에 노출되면서 다소간에 고해苦海를 헤엄쳐가게 마련이고, 그리하여 가령 행복이라는 화두를 입에 올리게 되기도 한다.

이 시집을 읽으며 내가 행복감에 젖었던 것은 그 작품들이 나를 나의 어린시절로 데려갔기 때문이다. 곤충, 새, 물고기 등과 시인이 벌이는 일은 내가 어린시절에 했던 일과 많이 겹친다. 시골에서 자란 아이들은(다행스럽게도) 자연이 놀이터인데, 산천을 헤매면서 한 일은 대개 비슷할 것이다.

>풀숲에서 나온 아이들
>콧잔등이 반짝댑니다.
>개똥냄새 폴폴 나는 반딧불
>꽁무니 떼어내 침 발라 붙이고
>좋아라 깔깔대며 몰려갑니다.
>달 없이도 환합니다.
>_반딧불이

내가 어려서 살았던 경기도 고양군 신도면 화전리에도 여름밤이면 반딧불이 천지였다. 아이들은 사방에서 반짝이는 불빛에 홀려 그걸 잡으려고 뛰어다녔고, 그 꽁지 끝의 발광체를 떼어내면 그게 손에 붙어서 반짝였는데, 그

걸 또 다른 손으로 만지면 그 손으로 옮겨 붙어 반짝이고…… 뿐만 아니라 잡은 반딧불이를 노랗고 커다란 호박꽃에 넣고 오므려 호박꽃등을 만들어 들기도 하였으니, 밤하늘의 수많은 발광체와 손에서 반짝이는 발광체 그리고 호박꽃등이 만드는 광경은 문자 그대로 환상적이었다! 옛날에 이런 얘기를 산문으로 쓴 적도 있지만, 지금도 그 광경은 그때 그대로 눈에 보인다. 그게 얼마나 환상적이었는지 그건 필경 죽은 뒤에도 보일 것이다!

해 떨어져야 들어오는
흙투성이 막내.
온 천지가 다 놀이터이니.
_땅강아지

밭에서 삽으로 흙을 파헤치거나 하면 노출되어 급히 도망치는 땅강아지도 많았는데, 시골 아이들은 하루종일 흙 위에서 놀았으니 당연히 온몸이 흙투성이. 따라서 땅속에서 흙을 파며 나아가는 땅강아지와 다름없있다.
  그뿐인가. 우리의 어린시절을 장식하는 곤충으로 메뚜기가 있었다.

논둑길 다니며 잡은 벼메뚜기

강아지풀에 줄줄이 목 꿰기도 하고
콜라병에 넣기도 합니다.
우리 집 막내는 집에서 가지고온
소주댓병짜리를 들고 다닙니다.
깹니다.

벼 잎 푸르면 몸도 푸르고
벼 익으면 몸도 익어갑니다.
벼메뚜기는 그렇습니다.

_벼메뚜기

메뚜기 잡기도 물론 놀이의 성격이 컸으나, 가난하던 시절이었으므로 좋은 먹을거리이기도 하여 강아지풀에 줄줄이 목을 꿴 메뚜기를, 삭정이 같은 것을 쌓아 불을 피운 뒤 그 위에 얹어 구워서 맛있게 먹기도 하였다. 메뚜기는 방아깨비나 방게와 더불어 우리의 중요한 단백질원이었던 것. 그 고소한 맛은 아직도 입속에 남아 있는데, 나는 그때 잡아먹은 메뚜기 덕에 지금까지 살고 있다고 농담을 하곤 하였다.

단백질이라면 물론 민물고기들이 있다. 그때 넓은 평야 한가운데로 흐르는 제법 큰 냇물에서 우리가 잡아먹은 물고기로는 붕어, 가물치, 메기, 미꾸라지, 쏘가리 같은 것들이 있는데,「메기」라는 작품도 물론 그걸 잡아먹은 일에 관련되어 있지만, 메기의 긴 수염과 할아버지 수염을 동일화하면서 '야단치던' 할아버지의 수염을 잡아당기고 있다.

    야단치던 할아버지 긴 수염
    탕 냄비 속에 잡어들과 뒤섞여
    부글부글.

    말씀하세요.

「수리부엉이」란 작품은 또 시골 아이들이 똑같이 겪은 일을 갈무리하고 있다.

    외할머니 집 건넛방에서
    한 이불 뒤집어쓰고 얘기했던
    빨간 손 파란 손
    뚱두간 밑에서 쓰윽~

    한밤에
    가까이서 새 웁니다.
    으시시하게도 웁니다.

변소 같이 가자 조르던 누나와
변소 밖에서 말대꾸 해주던 나를
방 문 열고 내다보시던 외할머니
탁탁 턴 곰방대 불
불그스레 바닥으로 흩어지던

한밤에
새 웁니다.
아주 가까이서.

'밤'의 종교적 함의나 신비주의, 낭만주의의 비유적 의미에 대해서 안 것은 어른이 되어서 이런저런 책을 읽으며 터득한 것이겠거니와, 어린시절 늦은 밤에 집과 떨어져 있는 뒷간에 가는 게 왜 그렇게 무서웠을까. 누나나 오빠가 따라가서 뒷간 밖에 서 있고, 안에서는 계속 거기 있는지 확인을 하며 앉아 있었으니……

누더기를 걸쳤어도
누추하진 말아야 하는데
시간은 나를

나를 만나본 적 없는 나를

자꾸만 주눅들게 만드네.

_하루살이

누가 어떻게 지내느냐고 인사를 하면 나는 "하루살이지 뭐" 하고 대답할 때가 있다. 그 말 속에는 하루하루 탈없이 넘어가는 걸 다행으로 생각하는 마음도 들어있고, 하루하루 버티고 있다는 전언, 그리고 시간의 흐름의 무상함에 대한 느낌도 들어있을 터이다.

이 작품에서는 '나를 만나본 적 없는 나'를 '시간'이 주눅들게 만든다고 한다. 인류가 고대 희랍철학 이래 이의 없이 견지해온 진리에 '너 자신을 알라'라는 게 있다는 건 다 아는데, 그런 말이 있다는 건 다 알지만 그것이 지시하는 것을 실현하는 건 거의 불가능할 정도로 어렵다. 그래도 자기를 어느 정도 아는 사람의 인생은 보기 싫을 정도로 누추하지는 않으리라.

우리 사랑에 다른 무슨 말이 필요할까

맹~

꽁~

_맹꽁이

맹꽁이가 맹꽁맹꽁 우는 것은 암컷과 수컷이 자기를

알리려고 그런다는 것인데, 사람 암수도 사랑할 때는 맹꽁이와 다를 게 없다. '맹'자 타령을 해보자면 사랑의 열정, 사랑의 병리에 필수적인 요소는 '맹목'이기 때문이다.
　맹꽁이든 굼벵이든 자연의 생물과 무생물은 원래 창조된 대로 존재할 뿐인데, 의식을 갖고 있는 인간이 거기에 무슨 의미를 부여하여 인간화하는 것이겠으나, 어떻든 인간은 자연 속에서 무슨 깨달음을 얻기도 하고, 깨달음의 암시와 비유를 자연에 의탁하기도 한다.

　　못보던 것들,
　　흘렸거나
　　지나쳤거나
　　걸렸거나 해서
　　못 보았던 것들,
　　바스락 소리 따라가 보니
　　원래 자리에 다 있었네.
　　돌 틈에
　　나뭇가지에
　　이끼에
　　풀잎에.

　　바람소리만 잘 들어도 경을 읽은 것과 같다는

마니차 접한 적 없으나
오늘은 네 행보 따라가며
듣고 보네.
바스락
바스락

_다람쥐

우리의 다섯 가지 감각은 그 감각들의 주인의 정신, 감정, 상상력의 성능에 따라 어떤 깊은 세계, 높은 경지를 열어 보인다. 무슨 깨달음, 무슨 사상 같은 것들도 그 바탕은 감각체험이다.

「다람쥐」에서는 보고 듣는 것이 가리키고 일러주는 마음의 길, 자세히 보고 듣는 일의 미덕을 넌지시 말하고 있다.

그러나 뭐니뭐니 해도 이 시집의 미덕은 우리를 어린 시절로 데리고 간다는 것일 터이다.

날개 다친 척 뒤뚱거리지만
알지
근처에 네 알들 있다는.

조약돌과 분간 안 되는,

개울가에 놓아기르던

조막만한 아이들.

품 떠나니 그립네.
_꼬마물떼새

이 작품은 꼬마물떼새의 새끼와 그 어미에 관한 얘기이지만 동시에 사람 아이들에 관한 얘기로 읽을 수도 있다. 시골 아이들은 자연 속에 놓아길러졌던 것이고, 그것 하나만으로도, 모든 물질적 조건을 뛰어넘어, 모자람이 없는 어린시절을 살았던 것이다.

읽는 사람을 어린시절로 돌아가게 하여 아늑한 행복감에 젖게 해 준 최계선 시인에게 고맙다는 말을 전한다.